Oliver Rupprecht

Peter Vondra

In fünf Schritten zur Powerpraxis

Servicequalität für Physiotherapeuten und Masseure

www.powerpraxis.com

www.tredition.de

© 2014 Oliver Rupprecht, Peter Vondra
2. überarbeitet Auflage Juli 2017

Redaktion & Gestaltung:
Sylvia Schaab
ABC MEDIENAGENTUR, Augsburg

Verlag: tredition GmbH, Hamburg
978-3-7345-8342-1 (Paperback)
978-3-7345-8343-8 (Hardcover)
978-3-7345-8344-5 (e-Book)
Printed in Germany

Das Werk, einschließlich seiner Teile, ist urheberrechtlich geschützt. Jede Verwertung ist ohne Zustimmung des Verlages und des Autors unzulässig. Dies gilt insbesondere für die elektronische oder sonstige Vervielfältigung, Übersetzung, Verbreitung und öffentliche Zugänglichmachung.

Bibliografische Information der Deutschen Nationalbibliothek:

Inhaltsverzeichnis

Vorwort 7

1. Einleitung: Warum dieses Buch? 9
2. Die therapeutische Praxis im Wandel der Zeit 13
3. Patient oder Kunde? 19
4. Service in der Dienstleistungsbranche 23
5. Der „neue" Therapeut 27
6. Mehrwert Service 31
   6.1 Nutzen für den Kunden 32
   6.2 Nutzen für den Therapeuten / Mitarbeiter 32
   6.3 Nutzen für das Unternehmen / den Inhaber 33
   6.4 Rechtliche Hinweise 33
7. In fünf Schritten zur Powerpraxis 35
   7.1. Erster Schritt: Anfahrt 36
   7.2. Zweiter Schritt Anmeldung und Begrüßung 37
   7.3. Dritter Schritt: Informationsphase 42
   7.4. Vierter Schritt: Behandlungsphase 44
   7.5. Fünfter Schritt: Verabschiedung 46
8. Mobile Behandlung 47
9. Körpersprache, Gestik & Mimik 51
10. Kundenorientierte Praxisgestaltung 55
11. Die Kraft der Sprache 61
    11.1 Negativ/Positiv-Formulierungen 62
    11.2 Reiz- und Tabuwörter 64
    11.3 Kraftsätze 66
12. Autoren 67
13. Das Seminar für Physiotherapeuten und Masseure 69
14. Checklisten 71

Vorwort

„Wer im Verkehr mit Menschen Manieren einhält, lebt von seinen Zinsen; wer sich über sie hinwegsetzt, greift sein Kapital an."

Hugo von Hofmannsthal

Sehr geehrte Leserinnen,
sehr geehrte Leser,

hat man in seinem Beruf mit Menschen zu tun, kommt dem Umgang und der Kommunikation mit diesen eine besondere Bedeutung zu. Wir Ärzte und Therapeuten erfahren das jeden Tag in unserer Praxis. Nicht nur die fachliche Kompetenz, sondern auch – oder sogar insbesondere – das Gefühl der Patienten, von ihren Behandlern gut auf- und angenommen zu werden, ist sehr oft der entscheidende Faktor für ihre Zufriedenheit.

Patienten wollen hohen Standard

Die Rolle des Patienten hat sich in den vergangenen Jahrzehnten gewandelt. Dies stellen die Autoren Oliver Rupprecht und Peter Vondra im vorliegenden Buch treffend dar. Die Patienten erwarten heute von ihren Behandlern – egal ob Arzt oder Therapeut – einen ganz anderen Umgang. Das Getränkeangebot, mit beispielsweise einem Wasserspender, wird häufig schon als Standard selbstverständlich vorausgesetzt. Sogar in Bewertungsportalen werden diese Aspekte heute berücksichtigt.

Wird der Patient im persönlichen Kontakt, im Minutentakt abgefertigt, wird er sich – sofern vorhanden – nach Alternativen umsehen. Daher ist es höchste Zeit für ein Umdenken und mehr Servicequalität. Der Umgang mit dem Kunden mit Namen Patient muss professionell gestaltet werden. Dabei helfen auch klare Verhaltensrichtlinien für die Mitarbeiter, die das Aushängeschild der Praxis sind.

Kommunikationstraining auch für Ärzte

Bei uns Ärzten gibt es ein Training zur Interaktion zwischen Patient und Arzt/Arzthelfern. In sogenannten Balint-Gruppen trainieren sie unter der Anleitung eines erfahrenen Psychotherapeuten den sozialen Umgang mit den Patienten.

Auch für Therapeuten ist es hilfreich, an der Kommunikation mit den Patienten zu arbeiten und die Servicequalität zu verbessern. Natürlich geben die Vorschriften der gesetzlichen Krankenversicherung einen gewissen Rahmen für die Therapeuten-Patienten-Beziehung vor. In diesem Rahmen hat aber jeder von uns einen gewissen Spielraum für Wohlfühlangebote außerhalb der gesetzlichen Krankenversicherung.

Eine größere Kundenorientierung in der Praxis mit zufriedenen Patienten verschafft den Ärzten genauso wie den Therapeuten eine größere Genugtuung in ihrem beruflichen Schaffen. Zudem wirkt sich die service- und patientenorientierte Praxisführung positiv auf die Bereitschaft der Patienten aus, freiwillige Selbstzahler-Leistungen in Anspruch zu nehmen.

Der vorliegende Ratgeber „In fünf Schritten zur Power-Praxis" setzt wichtige Akzente und ist der erste Schritt in eine zukunftsweisende Richtung. Jeder, nicht nur der Therapeut, kann damit seine

Umgangsformen verbessern und so sein ganz persönliches Erfolgsrezept entwickeln. Denn gutes Benehmen zahlt sich in allen Bereichen des Lebens aus, nicht nur im Beruf.

Ich wünsche Ihnen viel Spaß beim Lesen und allen Therapeutinnen und Therapeuten viel Erfolg bei der Umsetzung.

Ihr

Roman Imhof

Facharzt für Physikalische Medizin und Rehabilitation (www.ocka.eu)

1. Einleitung: Warum dieses Buch?

Von meinem Orthopäden mit einem Rezept „6 x Krankengymnastik" ausgestattet, begab ich mich an meinem neuen Wohnort auf die Suche nach einer Physiotherapie-Praxis – die Google Suche ergab fünf Treffer. Mithilfe der jeweiligen Internetpräsenzen informierte ich mich im Vorfeld ausführlich über die einzelnen Praxen und nahm mit ihnen Kontakt auf.

Ein Anruf bei der ersten Praxis führte zu einem Termin in vierzehn Tagen. Selbst die Darstellung meiner akuten Schmerzen konnte die Stimme am anderen Ende der Leitung nicht zu einem früheren Termin bewegen. Ich bedankte mich und wählte die nächste Nummer aus der Google-Liste. Hier meldete sich weder eine Telefonstimme noch der Anrufbeantworter. Der dritte Versuch bescherte mir ebenfalls einen Termin in vierzehn Tagen, den ich diesmal annahm, um das Drama endlich zu beenden.

Nach zwei schmerzhaften Wochen brachte mich mein Navi zur angegebenen Praxisadresse. Ich stand vor einem großen Geschäftsgebäude. Da die Beschilderung der Praxis sehr unscheinbar war, dauerte es eine ganze Weile, bis ich endlich vor der Praxistüre stand. Ich trat ein und schloss die Türe hinter mir. Eine Stimme aus den Tiefen der Praxis befahl mir noch etwas Platz zu nehmen. In einem dunklen Gangbereich standen einige Stühle, die ihre besseren Zeiten sichtbar schon hinter sich hatten. Auf einem nahm ich Platz. Auf das Lesen der alten, abgegriffenen Zeitschriften verzichtete ich. Nach knapp zehn Minuten erschien der Behandler aus einer der Kabinen und fragte nach meinem Namen. Ein Abgleich mit seinem Terminkalender bestätigte ihm, dass ich sein nächster Patient sei. Er verlangte mein Rezept und wies mir eine Kabine zu. Nachdem ich, wie gewünscht den Oberkörper freigemacht hatte, kam der Therapeut und begann mit der Befunderhebung...

Servicewüste Deutschland

Solche oder ähnliche Szenen erleben wir bei diversen Besuchen in verschiedensten Praxen leider immer wieder. Trotz aller Verbesserung der therapeutischen Qualität, haben wir dabei den Eindruck gewonnen, dass bei dem persönlichen Umgang mit dem Patienten immer noch einiges im Argen liegt.

Ein Blick auf die Inhalte der Aus-, Weiter- und Fortbildungen für Therapeuten zeigt, dass das Thema Servicequalität so gut wie gar nicht vertreten ist. Und auch die Fachliteratur im weiten Feld der Physiotherapie befasst sich meist nur mit den rein medizinischen und therapeutischen Themen. Es gibt bisher nur einige wenige Bücher zu einer anderen Thematik auf dem Markt. Diese erörtern häufig betriebswirtschaftlich Aspekte und beantworten die Fragen: *„Wie bringe ich mehr Menschen in meine Praxis"*, *„Wie verkaufe ich mehr Therapien"* oder *„Selbstzahlerleistungen an die Patienten in meiner Praxis"*. Die andere Kategorie bestellt das Feld der Kommunikation: *„Wie optimiere ich meine Gespräche mit den Patienten?"*, *„Wie verhalte ich mich bei sogenannten schwierigen Patienten?"*.

Gemeinsam ist diesen Büchern, dass der Schwerpunkt auf den Interessen, dem Verhalten, den fachlichen Fähigkeiten und Fertigkeiten des Therapeuten liegt.

In unserem Buch liegt der Fokus eindeutig auf dem Wohlergehen des Patienten. Sein „sich Wohlfühlen in der Praxis" steht im Mittelpunkt. Wir haben versucht, konsequent den Standpunkt des Patienten einzunehmen und uns in ihn hineinzufühlen: Wie will er in einer Praxis behandelt werden, wie stellt er sich den Umgang im Rahmen seines Heilungsprozesses in einer Behandlungsserie vor.

Die zentralen Fragen lauten also: „Welche Bedingungen, welchen Umgang mit mir, welches Umfeld, welche Serviceleistungen wünsche ich mir als Patient oder Kunde, damit ich gesund werde und mich während des Heilungsprozesses sehr wohl und geborgen fühle."

Doch auch der betriebswirtschaftliche Aspekt soll nicht zu kurz kommen. Schließlich soll am Ende mehr Geld bei wesentlich angenehmerem Arbeiten auf dem Konto liegen. Der in diesem Buch vorgeschlagene Umgang mit Kunden und Patienten soll ja nicht nur etwas kosten, sondern auch die Lebens- und Arbeitsqualität der Therapeuten steigern. So profitieren letztendlich beide: der Therapeut genauso wie der Patient.

Ihr Oliver Rupprecht & Peter Vondra

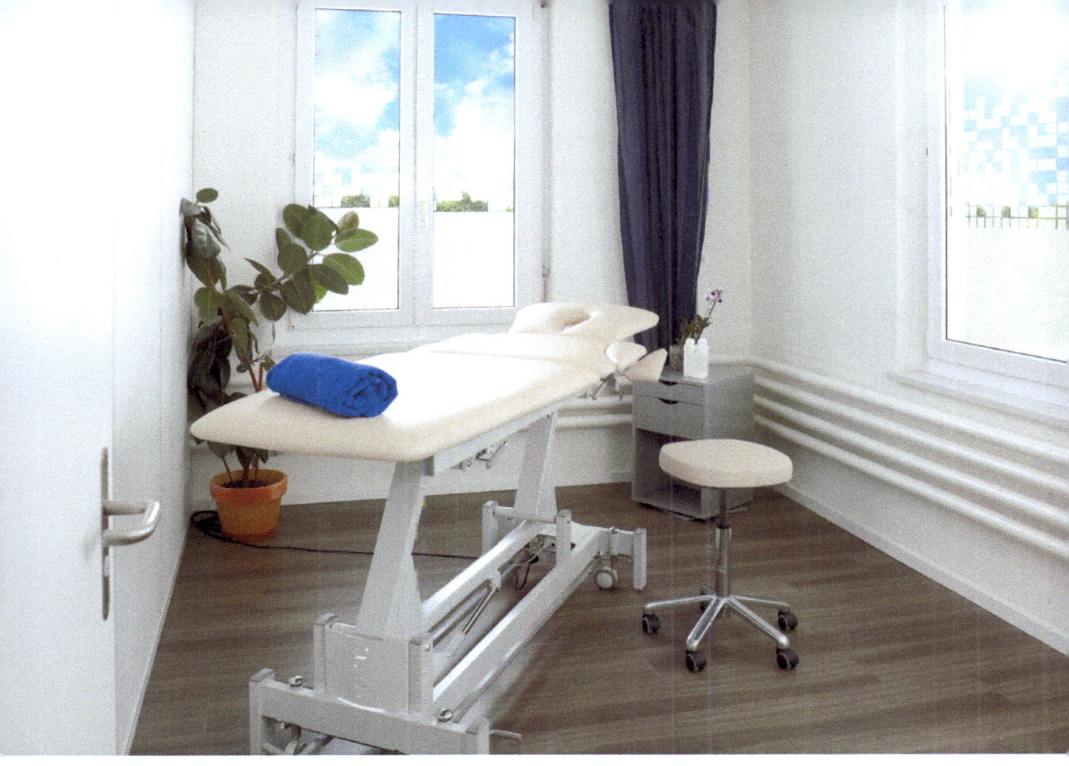

2. Die therapeutische Praxis im Wandel der Zeit

Die sechziger und teilweise die siebziger Jahre waren für die Therapeuten das reinste Schlaraffenland. Selbst ohne Werbung waren die Praxen voll mit Kassenpatienten und natürlich auch einigen „Privaten". Der Zustrom an Patienten floss stetig und die Therapeuten konnten gut leben, ohne sich Gedanken um Marketing oder ähnlich exotische Dinge zu machen. Das erste Kostendämpfungsgesetz (1977) tangierte die Branche nur äußerst peripher.

In den Achtzigern brach in dieses Paradies das erste kleine Ungeheuer in Form des Gesundheitsministers Norbert Blüm und der ersten Gesundheitsreform (1989, Gesundheitsreformgesetz) ein. Die Selbstbeteiligungen und Zuzahlungen, die der Patient zu leisten hatte, wurden ausgeweitet.

Die Neunziger brachten weitere Gesundheitsreformen (1993: Gesundheitsstrukturgesetz, 1994: Pflegeversicherung, 1997: Beitragsentlastungs- und Neuordnungsgesetz). Natürlich mit weiteren Budgetierungen der Heilmittel und Erhöhung der Rezeptzuzahlungen.

Dadurch ergaben sich die ersten drastischen Verordnungsrückgänge, die richtig schmerzten. Die einzige Reaktion der Branche war kollektives Jammern. Tragfähige Konzepte, um diese Verordnungsrückgänge zu kompensieren, suchte man vergebens. In dieser Krise trat deutlich hervor, dass der selbstständige Therapeut kein Unternehmer mit strategischem Denken und Verhalten ist. Die Branche erholte sich trotzdem. Allerdings nur, weil im Laufe der Zeit wieder mehr Anwendungen verordnet wurden.

Anfang dieses Jahrzehnts erkannte man aber auch die Wichtigkeit der Prävention. Es entstanden die ersten Präventionsangebote, vor allem in Form von Wirbelsäulengymnastik sowie Entspannungs- und Rückenschulkursen. Die Kosten dieser Kurse übernahmen die gesetzlichen Krankenkassen. Dieses System uferte jedoch aus und es wurden selbst „Bauch, Beine, Po"-Kurse bezahlt. Daher vollführte der damalige Bundesgesundheitsminister Horst Seehofer einen Kahlschlag und strich alle Präventionsangebote.

Das neue Jahrtausend begann, wen wundert es, wieder mit einer Reform: Die „Gesundheitsreform 2000" brachte weitere Einschnitte, aber auch wieder den Ausbau der brachliegenden Präventionsleistungen und den Aufbau der integrierten Versorgung. Mit dem „Gesundheitsmodernisierungsgesetz 2004" wurden die Patienten mit der Rezeptgebühr sowie einem zehnprozentigen Eigenanteil zur Kasse gebeten.

Wellness als Trend im neuen Jahrtausend

Ein neuer Trend hält im ersten Jahrzehnt des neuen Jahrtausends Einzug: Wellness. Dieser Begriff ist plötzlich in aller Munde. Es etablieren sich die ersten reinen Wellnessanbieter auf dem Markt. Die Angebote zielen auf Selbstzahler ab, die zur allgemeinen Gesunderhaltung und zum Stressausgleich Dienstleistungen wie Massage oder ähnliches in Anspruch nehmen. Der Patient geht wegen einer Krankheit zum Therapeuten, der Kunde geht zur Wellnessbehandlung zum privaten Anbieter. Diese privaten Anbieter sind häufig Kosmetikerinnen mit Zusatzausbildungen oder Quereinsteiger mit „Wochenendausbildungen". Kurioserweise zahlt der Kunde oft mehr für seine Wellnessbehandlung beim stundenweise ausgebildeten "Wellnesseur", als der Patient für seine Therapie, wenn er sie als Selbstzahler auf eigene Rechnung nimmt.

Medical Wellness ist im Trend und kann auch ein Zusatzangebot in Physiotherapie- oder Massagepraxen sein.

Natürlich wollen sich die staatlich anerkannten Therapeuten von den „Wochenendmasseuren" – also Wellnessanbieter mit nicht staatlich anerkannter Ausbildung – nicht die Butter vom Brot nehmen lassen. Die ersten therapeutischen Praxen etablieren eigene Wellnessangebote oder/und Wellnessabteilungen. Der Begriff *Medical Wellness* wird geprägt. Er beschreibt Therapeuten, die eine Wellnessausbildung auf der Grundlage einer staatlich anerkannten Ausbildung als Masseur oder Physiotherapeut haben.

Trotz des großen Jammerns in der Branche über *angeblich* rückläufige Rezeptzahlen, schießen Physiotherapiepraxen immer noch wie Pilze aus dem Boden. Die Versorgung mit therapeutischen Praxen für die Bevölkerung ist inzwischen ausgezeichnet. Von den Therapieangeboten im Rahmen der GKV (Gesetzlichen Krankenversicherung) unterscheiden sich die Praxen mittlerweile kaum: Manuelle Lymphdrainage, Bobath oder auch die Manuelle Therapie sind inzwischen als Standard anzusehen.

Für die Therapeuten bedeutet das jedoch, dass nicht mehr nur die reinen fachlichen Fähigkeiten zählen. Stattdessen werden ergänzende Faktoren immer wichtiger, damit die fachliche Kompetenz erst richtig zur Geltung kommt: Der Umgang mit den Kunden/ Patienten sowie das Marketing.

Definiert man den Begriff „erfolgreiches Marketing" als Maßnahmen, um neue Kunden zu gewinnen und bestehende Kunden zu halten, dann ist der „richtige" Umgang mit Kunden/Patienten eine grundlegende Voraussetzung. Daher liegt der Fokus des vorliegenden Buches auf diesem wichtigen Bereich.

Patienten haben höhere Erwartungen als früher

> *„Für alte wie für neue Kunden ergibt sich im Vergleich mit anderen Firmen die höchste Attraktivität vor allem durch den Service."*
>
> Hans-Christian Altmann
> *Verkaufsexperte und Motivationstrainer*

Die Einstellung und die Ansprüche der Menschen, die zur Therapie oder Anwendung in die Praxis kommen, haben sich im Laufe der Zeit gewandelt. Früher erwarteten die Patienten lediglich eine rein medizinische Behandlung. Der „handelsübliche" Patient begnügte sich mit kahlen weißen Räumen, die schmucklos funktionell eingerichtet waren. Er konnte sich an den lebensgroßen Skelett- und Muskeldarstellungen laben, Abbildungen von hervorquellenden Bandscheiben oder sich am Bild eines zur Elefantiasis mutierten Lymphödems erfreuen.

Mit der Zeit hat sich jedoch die Erkenntnis durchgesetzt, dass Heilungsprozesse nicht unbedingt in farbloser, medizinischer Umgebung ablaufen müssen. Heute fragen sich immer mehr Menschen, in welcher Umgebung und in welchem Umfeld ihre Heilungsprozesse am besten zur Entfaltung kommen können. Wie sollen die Rahmenbedingungen aussehen, die zur Besserung oder Heilung führen?

Dabei erwarten die Patienten selbstverständlich von ihrem Therapeuten einen adäquaten und empathischen Umgang, eine persönliche sowie individuelle Betreuung. Der leicht mufflige Masseur oder Krankengymnast im ausgeleierten weißen T-Shirt, der nur auf seine fachliche Qualifikation verweist, hat ausgedient. Die gute Qualität der Therapie kann heute nicht mehr das alleinige Ziel sein. Sie sollte vielmehr als Grundvoraussetzung, geradezu als Selbstverständlichkeit die Basis jeglicher Behandlung sein.

Um erfolgreich Menschen zu behandeln und um erfolgreich im Gesundheitsmarkt zu bestehen, muss der Therapeut heute den Patienten in seiner Ganzheitlichkeit wahrnehmen und seine unterschiedlichen Ansprüche befriedigen können.

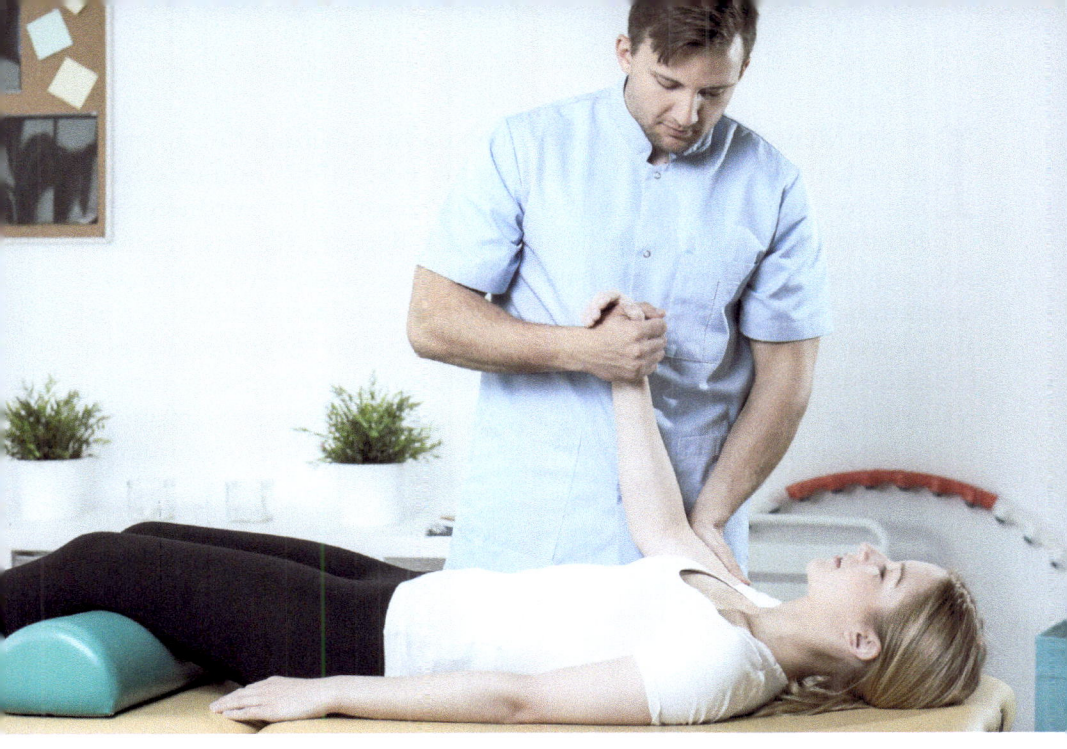

3. Patient oder Kunde?

Ist der Mensch, der sich in einer Behandlung befindet nun Patient oder Kunde? Dieses Begriffsdilemma beschäftigt immer wieder die therapeutischen Gemüter. Ein Mensch mit verordneter Behandlung ist in der Regel Patient. Der Begriff „Patient" gründet sich auf das lateinische „patiens"– geduldig, aushaltend, ertragend (adjektivisches erstes Partizip von „pati"– erdulden, leiden). Es ist also jemand, der aufgrund eines Unfalls oder Erkrankung eine Dienstleistung im Sinne von Heilbehandlung in Anspruch nimmt. Natürlich gibt es auch gesunde Patienten, wie Schwangere, Impflinge oder Patienten, die Präventionsleistungen oder Vorsorgeuntersuchungen in Anspruch nehmen.

Patientenrechte wurden gestärkt

Die Aufklärung der Patienten wurde in den vergangenen Jahren deutlich gestärkt.

Die Rechte der Patienten werden gesetzlich geregelt. Zuletzt trat 2013 das *„Gesetz zur Verbesserung der Rechte von Patientinnen und Patienten"* in Kraft. Darin wurden unter anderem erhöhte Anforderungen an die Aufklärung und Information des Patienten geschaffen und die Grundlagen für einen Behandlungsvertrag gelegt.

Lange Jahre war die „Patient-Therapeut-Beziehung", ähnlich der „Patient-Arzt-Beziehung", aufgrund der großen Informations- und Kompetenzunterschiede sehr asymmetrisch geprägt. Dies hatte eine meist sehr passive Rolle des Patienten zur Folge, häufig verbunden mit einer gewissen Unmündigkeit.

Mit der besseren, nahezu unbegrenzten, Aufklärungsmöglichkeit durch die Medien (Internet, Fernsehen, Apps etc.) haben sich die Ansprüche und Bedürfnisse der Patienten an die Therapeuten geändert. Der informierte Patient stellt zusätzliche Anforderungen. Wer von uns hat nicht schon des Öfteren mit „internetinformierten" Patienten zu tun gehabt.

Zudem werden dem heutigen Patienten meist eine größere Anzahl an Heilbehandlungen, sprich Gesundheitsdienstleistungen, angeboten. Aufgrund seiner eingeholten Informationen entscheidet sich der Patient dann für die Behandlungsvariante, die ihm voraussichtlich den bestmöglichen Erfolg bringt. Dennoch ist die sogenannte Kundensouveränität nur eingeschränkt vorhanden, da der Patient von ärztlichen Vorgaben und Krankenkassenleistungen abhängig ist.

Was ist überhaupt ein Kunde?

Laut Wikipedia ist ein Kunde eine Person, die ein offensichtliches Interesse am Vertragsabschluss zum Zweck des Erwerbs eines Produkts oder einer Dienstleistung gegenüber einem Unternehmen oder Institution zeigt.

Die vom Patienten eingekauften Sonderleistungen machen ihn in diesem Bereich also zum Kunden. Das heißt: Bietet der Therapeut beispielsweise seinen Patienten kostenpflichtige Zusatzleistungen wie etwa spezielle Massagen, Wellnessleistungen oder auch die Elektrotherapie als Ergänzung zur Krankengymnastik an, so wird er automatisch zum Kunden. Darum macht es für den Therapeuten durchaus Sinn seinen Patienten als Kunden zu betrachten und natürlich auch so zu behandeln.

Daher sprechen wir in diesem Buch ab jetzt vom „Kunden". Damit wollen wir zum Ausdruck bringen, dass es zu einer Rollenveränderung gekommen ist. Aus dem leidenden, erduldenden Patienten wird zunehmend der gleichberechtigte, mündige Kunde. Dieser setzt eine qualitativ hochwertige Therapie als selbstverständlich voraus. Er erwartet von seinem Therapeuten zusätzliche Informationen, eine auf seine Probleme zugeschnittene Beratung und einen zuvorkommenden Umgang. Wenn also nicht nur seine gesundheitlichen Probleme behoben werden, sondern er sich darüber hinaus noch angenommen und wohl fühlt, wird aus dem Kunden ein Stammkunde. Er kommt beim nächsten orthopädischen Problem gerne wieder und gibt den Therapeuten als Empfehlung weiter.

4. Service in der Dienstleistungsbranche

Eine Dienstleistung ist eine Tätigkeit, die nicht in der Erzeugung von Sachgütern besteht, sondern in der persönlichen Leistung – das gilt auch für Therapeuten.

Service ist eine persönliche Zusatzleistung, die mit Kosten verbunden sein kann oder kostenlos angeboten wird. So kann beispielsweise das Handtuch, das der Kunde vom Behandelnden kostenlos gestellt bekommt, eine Serviceleistung darstellen. Denn in der Regel stellt der Therapeut keine kostenlosen Handtücher zur Verfügung, der Patient bringt sein eigenes Handtuch mit. Der Therapeut, der die Erwartungen seines Kunden übertrifft, bietet dem Kunden also *Service*.

Service beginnt bei einer angemessenen, freundlichen Begrüßung, geht über in eine zuvorkommende, höfliche Behandlung bei der Therapie und endet mit einer aufbauenden Verabschiedung. Eine eigentlich simple Sache wie das Liegetuch kann dabei bereits den „feinen" Unterschied ausmachen.

In manchen Praxen bringen die Patienten eigene Handtücher mit, die dann mit Namen versehen in der Praxis bleiben. Dabei ist es hilfreich, wenn die Namen auch tatsächlich alphabetisch sortiert sind, damit das Tuch auch leicht wieder gefunden wird und der Patient nicht ewig warten muss, bis die Behandlung los geht.

Im Praxisalltag sind beim Thema Handtücher allerhand kuriose Dinge anzutreffen. Zum Beispiel begegnete mir ein „Home-made" Waschfaserlaken, das an den Längsseiten zugeschnitten wurde. Das machte einen wenig professionellen Eindruck. Dieses Tuch wanderte dann mit einer farbigen Namensklammer in ein Regal. Da sich die Namensaufkleber zusammenrollten, war es für mich beim nächsten Termin fast unmöglich dieses Tuch wieder zu finden – ein sehr negatives Erlebnis. Dazu kam noch, dass es von mir als Patient erwartet wurde, das Tuch nach der Behandlung selbst zusammenzulegen und im Regal zu verstauen.

Auch in einer anderen Praxis hatte ich ein interessantes Handtucherlebnis. Von einem großen Handtuch, das aber nicht den Kopfteil abdeckte, verkleinerte sich das Tuch von mal zu mal bis es auf Standardgröße schrumpfte (40 x 70 cm) und damit nicht mal mehr den Spannbezug der Liege abdeckte. Ob das Handtuch für jeden Patienten frisch ist, darf bezweifelt werden – zumal es Flecken aufwies.

Schließlich brachte ich mein eigenes „Tücherl" mit. Ein entsprechend großes Liegetuch, das die gesamte Liegefläche abdeckt und der Nasenschlitz ausgespart ist. „Da haben Sie ja ein Profiteil dabei", staunte die Rezeptionskraft. „Ja", dachte ich, „nur schade, dass es in den Praxen nicht Standard ist."

Leider werden diese Tücher nicht mehr hergestellt. Die Nachfrage nach solchen praktischen Tüchern, scheint wohl nicht besonders groß gewesen zu sein.

Der Kunde ist König

Kundenorientierung ist immer dann gegeben, wenn ein Therapeut seinen Patienten so behandelt als wäre er sein einziger Kunde. Im Idealfall bieten die Praxismitarbeiter ihren Kunden einen Service an, den diese so nicht erwarten.
Im Klartext heißt das: Eine Praxis und der jeweilige Therapeut unterscheiden sich von Mitbewerbern nur durch die eigene Persönlichkeit sowie durch ausgeprägte Service- und Kundenorientierung. Daher sollte die Praxis und die Tätigkeit des Therapeuten darauf ausgerichtet werden. Für den Erfolg eines Unternehmens — und ein Therapeut mit eigener Praxis ist ja ein kleines Unternehmen— ist es also elementar, die Erwartungen und Bedürfnisse seiner Kunden zu kennen und zu erfüllen.

5. Der „neue" Therapeut

Während der „alte" Therapeut nichts anderes im Kopf hat als das Krankheitsbild („*Hier kommt die Schulter mit dem Impingementsyndrom*") und die Behandlung des Patienten („*Alles andere würde nur stören*"), verfügt der „neue" Therapeut über ein viel komplexeres, moderneres Selbstbild. Er handelt ganzheitlicher, lösungs- und serviceorientierter.

Der „neue" Therapeut hat erkannt, dass zum Heilungsprozess das Wohlbefinden des Menschen in angenehmer Umgebung, ein zuvorkommender Umgang, Aufmerksamkeit und Achtsamkeit gehören. Er sieht die fachliche Qualifikation — also das eigentliche therapeutische Handeln — nicht als das Nonplusultra an, das er dem Menschen zugute kommen lässt, sondern als Selbstverständlichkeit, die der Kunde sowieso erwartet. Durch diese Einstellung und dieses Verhalten hat er Freude am Umgang mit Kunden und profitiert davon: mehr Empfehlungen, bessere Auslastung der Praxis, höheres Ansehen.

Die umfassende Information des Patienten ist dem neuen Therapeuten ein großes Anliegen.

Der „alte" Therapeut sieht nur den Zeitraum der verordneten Behandlungen. Sind diese abgeschlossen, ist seine Arbeit beendet.

Der „neue" Therapeut denkt auch darüber nach, was die eigentlichen Ziele des Kunden sind und richtet seine Arbeit/seine Angebote danach aus.

Er klärt mit dem Kunden ab, was dieser erreichen will (im Beruf, im Privaten, im Freizeitbereich…) und erläutert, was für hierzu an Behandlungen nötig ist. Er bespricht mit seinem Kunden, wie viel davon mit der gesetzlichen oder privaten Krankenkasse abgedeckt ist und was selbst investiert werden muss, um dieses Ziel zu erreichen.

Aus dieser Vorgehensweise und Einstellung heraus, wird klar, dass Verkauf eigentlich immer stattfindet. Dies ist nichts Anrüchiges, sondern hat nur das Ziel, dem Kunden die bestmöglichste Behandlungen/Dienstleistungen zu bieten.

> *Zum Reflektieren*
>
> Sie als Therapeut haben doch den eigenen Anspruch, Ihrem Patienten die bestmögliche Therapie, die Sie „auf Lager" haben zu bieten?
>
> Klar ist aber, dass mit einem Rezept diese bestmögliche Therapie sehr oft nicht abgedeckt ist. Ist es dann nicht unterlassene Hilfeleistung, Ihrem Kunden die Zusatzleistungen, die zu der optimalen Therapie bzw. zum Ziel des Kunden fehlen, nicht anzubieten?
>
> Lassen Sie diesen Gedanken in Ruhe auf sich wirken.

6. Mehrwert Service

W enn sich Therapeuten dazu entschließen, den Service in ihrer Praxis auszubauen, haben alle etwas davon: die Kunden genauso wie der Therapeut und seine Mitarbeiter. Es entsteht also für beide Seiten eine Win-Win-Situation. Kunden und Mitarbeiter fühlen sich einfach wohler.

> *Tuning für Ihre Praxis*
>
> Service- und Kundenorientierung wirkt wie ein Autotuning, Ihre Praxis geht ab wie ein Turbo…

6.1 Nutzen für den Kunden

Gerät ein Kunde an einen „neuen" Therapeuten, so wird er in seiner Praxiswahl bestätigt und hat bei diesem Service ein Aha-Erlebnis. Der Kunde kommt und geht jedes Mal mit einem guten Gefühl, weil er sich in seiner Ganzheitlichkeit angenommen wahrnimmt und dadurch sein Heilungsprozess beschleunigt wird. Er genießt den Komfort und die Wohlfühlatmosphäre der Praxis und freut sich über das Plus an Lebensqualität. Das äußert sich in einer großen Loyalität „seiner Praxis" gegenüber.

6.2 Nutzen für den Therapeuten / Mitarbeiter

Auch für den Therapeuten und die Mitarbeiter stellt sich ein Wohlgefühl ein. Der Mitarbeiter genießt ein größeres Ansehen beim Kunden und in der Praxis. Er kann einen besseren Kontakt zum Kunden aufbauen und seine Kundenbeziehung bekommt eine ganz besondere Qualität. Dadurch ergibt sich eine stetige Motivation und er meistert auch den Umgang mit den sogenannten „Problempatienten".

6.3 Nutzen für das Unternehmen / den Inhaber

Zu guter Letzt profitiert auch das Unternehmen selbst von der besseren Serviceorientierung. Es ergeben sich im Laufe der Zeit mehr Kunden und Weiterempfehlungen. Das Leistungsspektrum vergrößert sich. Die Praxis wird nicht nur als „Heilmittelabgabestelle" gesehen sondern darüberhinaus als hochwertiges Dienstleistungsunternehmen im Bereich Gesundheit und Wellness wahrgenommen.

6.4 Rechtliche Hinweise

<u>Hinweis 1:</u>

Beachten Sie bitte in all Ihrem Tun die rechtlichen Rahmenbedingungen: Als staatlich anerkannter Masseur und medizinischer Bademeister dürfen Sie ohne Verordnung eines Arztes einen Patienten behandeln. Mit all den Therapieformen, die Sie in Ihrer Ausbildung gelernt haben.

Als staatlich anerkannter Physiotherapeut benötigen Sie immer einen ärztlichen Auftrag, also ein Rezept. Will ein Patient seine physiotherapeutischen Anwendungen selber bezahlen, benötigen Sie hierzu ein Privatrezept. Aber verzagen Sie nicht, der Ausweg ist die Erlangung der sektoralen Heilpraktikererlaubnis für Physiotherapeuten. Erkundigen Sie sich bei Ihrem Berufsverband. Die Wege zu dieser relativ neuen Form der eingeschränkten Heilpraktikererlaubnis sind von Bundesland zu Bundesland und oft auch von Gesundheitsamt zu Gesundheitsamt verschieden.

<u>Hinweis 2:</u>

Die Leistungen, die Sie aufgrund eines GKV/PKV/HP-Rezeptes erbringen, sind grundsätzlich umsatzsteuerfrei.

Leistungen, die im Anschluss an eine der oben genannten Verordnung verabreicht werden, unterliegen dem ermäßigten Steuersatz (zur Zeit 7%).

Alle Leistungen, die ohne Verordnung erbracht werden oder lediglich den allgemeinen Gesundheitszustand verbessern sollen (Wellnessbehandlungen), unterliegen dem vollen Umsatzsteuersatz (zur Zeit 19%).

Über eine entsprechende Buchführung berät Sie Ihr Steuerberater.

Hinweis 3:

Das Heilmittelwerberecht wurde kürzlich in etlichen Punkten gelockert. Beachten Sie bitte dennoch auch hier die aktuellen gesetzlichen Vorgaben.

7. In fünf Schritten zur Powerpraxis

Im täglichen Praxisablauf gibt es viele Situationen, die sich stets wiederholen. Allerdings beginnt der Ablauf nicht etwa dann, wenn der Patient die Praxis betritt, sondern bereits auf dem Weg dorthin. Daher sollten Sie alle Stationen beleuchten und optimieren. Wir zeigen Ihnen die fünf Schritte, die Ihre Praxis zur Powerpraxis machen.

Klare Vorgaben vereinfachen den Praxisablauf

Es ist für alle Beteiligten leichter, wenn es Regeln gibt, wie Kunden zu behandeln sind. Wenn klare Vorgaben bestehen und diese eingeübt sind, klappt der Ablauf meist reibungslos. Prüfen Sie, welche der folgenden Punkte bei Ihnen noch geregelt werden müssen und besprechen Sie mit Ihren Mitarbeitern, wie diese am besten in Ihrer Praxis umgesetzt werden können. Wenn die Mitarbeiter diese Regeln mitgestalten, fällt es ihnen leichter, diese auch umzusetzen.

7.1. Erster Schritt: Anfahrt

Der Weg zur Praxis soll leicht zu finden sein. Daher ist eine gute Beschilderung sehr wichtig. Es bietet sich an, an markanten, am besten hoch frequentierten Punkten der Stadt mit gut sichtbaren Schildern (eventuell Pfeilform) auf die Praxis hinzuweisen.

Steht der Kunde dann vor dem Gebäude, in dem die Therapieeinrichtung zu finden ist, soll der Eingang / Aufgang ebenfalls leicht zu erkennen sein. Diese visuelle Führung setzt sich im Gebäude bis zur Eingangstüre fort.

> *Praxistipp*
>
> Es gehört heutzutage zum guten Ton, dass die Anfahrt zur Praxis gut ausgezeichnet und zu finden ist.
>
> Begeben Sie sich doch einmal in die Kundenrolle: Begehen oder befahren Sie alle möglichen Wege zu Ihrer Praxis, um selber zu erleben, wie wichtig eine gute Ausschilderung ist.

Es nervt den Kunden, wenn er die Praxis nicht gleich findet und er kommt schlecht gelaunt dort an.

Kunden, die den Weg bereits kennen, identifizieren sich mit *ihrer* Praxis, wenn sie die Schilder überall im Ort sehen. Das führt zu mehr Loyalität.

7.2. Zweiter Schritt: Anmeldung und Begrüßung

Erstkontakt: Persönliches Erscheinen

Betritt der Kunde die Praxis, freut es ihn, wenn er mit einem kleinen Lächeln und einem offenen, positiven Gesichtsausdruck begrüßt wird. Falls Sie oder Ihre Rezeptionskraft dem Kunden ein paar Schritte entgegen kommen bzw. aufstehen, wertet dies Ihr Kunde als besondere Aufmerksamkeit und Zuwendung.

Nicht jeder Kunde will allerdings mit Händedruck begrüßt werden. Hier ist Fingerspitzengefühl gefragt. Tipps zum Handgeben und zur Körpersprache finden Sie in Kapitel 9. Ihre bekannten Kunden begrüßen Sie bzw. Ihre Rezeptionskraft mit ihren Namen.

Der erste Eindruck zählt. Der Kunde soll sich schon beim ersten persönlichen Kontakt wohl fühlen und verstanden wissen.

Praxistipp

- Prägen Sie sich den Namen und Titel des Kunden ein. Diese einfache Würdigung in Form der Namensanrede (Titel) freut jeden und vermittelt Aufmerksamkeit. Mehr zur Verwendung von Titel finden Sie im Anhang.

- Nutzen Sie positive Formulierungen. Mehr dazu lesen Sie in Kapitel 10.

Der Kunde kommt oft mit einem Leidensdruck. Die zügige Bearbeitung seiner Terminwünsche ist daher oberste Priorität. Er steht im Mittelpunkt und dem Kunden gilt daher die volle Aufmerksamkeit. Während der Terminvereinbarung ist es daher eine nette Geste, dem Kunden eine Sitzgelegenheit und ein Getränk anzubieten. Das schafft von Anfang an eine angenehme, gleichberechtigte Atmosphäre.

Falls kurzfristig kein Termin zu Verfügung steht, versichern Sie dem Kunden, dass er bei Terminausfall eines anderen Kunden angerufen wird. Das zeigt ihm, dass man sich in dieser Praxis ernsthaft um eine baldmögliche Behandlung kümmert. Da es immer noch viele Praxen gibt, die diese kleine Serviceleistung nicht unternehmen, ergibt sich ein Wettbewerbsvorteil für Sie.

Falls der Kunde noch auf seine erste Behandlung warten muss, bekommt er Powertipps was er für sich selbst zu Hause machen kann. Vorschläge und Muster von Powertipps finden Sie in Kapitel 14 unter Checklisten. Nimmt die Rezeptionskraft den Kunden an, entfällt diese Serviceleistung. In diesem Fall bekommt der Kunde die Tipps und Verhaltensweisen erst für die Zeit zwischen den Therapieterminen von dem behandelnden Therapeuten.

Für Neukunden kann ein kleines Präsent bereitgehalten werden.

Praxistipp

Essen von Mitarbeiter und Therapeuten für Kunden nicht sichtbar und nicht riechbar abstellen. Selbstverständlich nehmen weder Mitarbeiter noch Therapeuten im Beisein des Kunden Speisen oder Getränke zu sich.

Erstkontakt: Telefon

Die telefonische Anmeldung von Kunden erfolgt im Allgemeinen genauso wie die persönliche Anmeldung. Unterschiede zeigen sich nur im Detail.

Firmen/Praxisname, Eigenname, Vor-und Zuname, Begrüßung (z.B. „Guten Morgen"), diese Reihenfolge entspricht den zurzeit üblichen Gepflogenheiten einer professionellen Telefonbegrüßung.

Auch am Telefon wird der Kunde nach seinem Befinden gefragt.

Begrüßung des in Therapie befindlichen Kunden

Genauso wie die Erstkunden werden die in Therapie befindlichen Kunden bei jedem Besuch mit Namen begrüßt. Dies ist für den Behandelten angenehmer und gibt ihm ein Gefühl der Sicherheit und Geborgenheit.

Als nächstes wird der Termin geklärt. Ist der Kunde zu früh, werden ihm ein Platz und Getränke angeboten.

Eine namentliche Begrüßung vermittelt dem Kunden Geborgenheit.

Praxistipp

Als Getränke eignen sich: Wasser (energetisiert), Kräutertees, Kaffee, Biolimonaden, Wellnessdrinks wie z.B. Kombucha.

Verspäteter Kunde

Kommt ein Kunde zu spät, gibt es zwei Möglichkeiten: Die Terminunstimmigkeit liegt im Verschulden des Kunden oder sie liegt im Verschulden der Praxis. Den verspäteten Kunden mit *„Sie sind zu spät, Sie haben Ihren Termin verpasst"* zu begrüßen, ist eine einseitige Schuldzuweisung, die negativ auf die Mitarbeiter und die Praxis zurückfallen kann, falls die Terminunstimmigkeit von der Praxis ausgeht.

Beispielgespräch

Therapeut: *„Guten Morgen Herr Müller, wir gehen gleich in die Behandlungskabine, es ist für sie schon alles vorbereitet. Ich habe sie heute um 8 Uhr in meinem Terminkalender notiert. Ist das richtig oder habe ich mich verschrieben?"*

Patient: *„Nein, Entschuldigung, ich habe verschlafen"*

Therapeut: *„Herr Müller, sie haben bestimmt Verständnis dafür dass die Therapie heute etwas kürzer ist, da nach ihrer Behandlung bereits der nächste Patient terminiert ist.*

Patient: *„Ja, das ist so okay."*

Praxistipp fürs Telefon

Hat ein Patient einen Termin versäumt, ist es wichtig, auch am Telefon den richtigen Ton zu treffen:

„Guten Morgen Herr Huber, hier spricht Herr Mustermann von der Praxis „Superphysio". Anscheinend ist mit unserem heutigen Behandlungstermin etwas durcheinander gekommen: Um 9 Uhr hatte ich Sie in meinem Terminkalender stehen. Ich hoffe, wir/ich haben da keinen Fehler gemacht und ich hoffe, Ihnen ist nichts passiert. Bitte melden Sie sich doch unter der Telefonnummer … in der Praxis, damit wir das klären und entschuldigen Sie vorab schon mal die Unannehmlichkeiten. Liebe Grüße…"

7.3. Dritter Schritt: Informationsphase

Die Informationsphase ist ein sehr wichtiger Teil der gesamten Therapie. Darin wird dem Kunden mitgeteilt, wie seine Behandlung ablaufen wird. Es ist wichtig, dem Kunden auch vermeintliche Kleinigkeiten mitzuteilen. Ein informierter Kunde ist ein entspannter Kunde.

Generell gilt, dass bei Informationen oder Anweisungen der Kunde die volle Aufmerksamkeit des Therapeuten haben sollte. Zudem sollte sich der Therapeut vergewissern, dass der Kunde währenddessen nicht mit Auskleiden oder irgendetwas anderem beschäftigt ist. Die Informationen sollen immer auf Augenhöhe gegeben werden. Also bitte nicht, wenn der Kunde auf dem Bauch liegt und der Therapeut schräg hinter ihm losplappert.

Weibliche Kunden können sich unter Umständen beim Ablegen der Kleidung durch die Anwesenheit des Therapeuten gestört fühlen. Der Therapeut nimmt Rücksicht auf diese Situation.

Ein informierter Kunde ist ein zufriedener Kunde.

> *Praxistipp*
>
> Zeit sparen und professionell sein: Statten Sie Ihre Kabinen mit Eingabeterminals aus.

Beispiel für ein Erstgespräch

Therapeut: „Herr Müller, bevor Sie sich ausziehen, darf ich Ihnen noch einige Fragen zu Ihren Beschwerden stellen?"

Patient: „Ja, aber sicher."

Der Therapeut führt bei Erstpatienten Anamnese und danach die Befunderhebung durch, bei Folgebehandlungen erfolgt das Abfragen der vorigen Behandlung.

Therapeut: „Herr Müller wie ist es ihnen nach der letzten Behandlung ergangen und wie geht es ihnen momentan?"

Patient: „Mir geht es soweit gut, aber links im Kreuz tut es mir noch weh."

Therapeut: „Danke für die Information. Schön, dass die rechte Seite schon besser ist. Ich lege den Schwerpunkt heute auf die linke Seite ihres Rückens. Dazu legen sie sich bitte in Bauchlage auf die Liege und ich beginne zunächst so wie in der vorigen Behandlung. Herr Müller, haben sie noch Fragen?"

Patient: „Nein"

Therapeut: „Gut, dann beginne ich jetzt mit der Behandlung."

7.4. Vierter Schritt: Behandlungsphase

Zu Beginn einer jeden Behandlung sollen dem Patienten die positiven Erfolge der bisherigen Behandlung bewusst gemacht werden. Während der Behandlung wird die Kommunikation auf das für die Therapie Relevante beschränkt. Der Kunde ist entspannter und kann sich besser konzentrieren, wenn er nicht reden muss. Auch der Therapeut kann konzentrierter arbeiten und ist sensibilisierter für die Befindlichkeiten seiner Kunden. Kleine, kurze Tests vor und nach der Behandlung zeigen dem Kunden die Erfolge.

„Tue gutes und rede darüber"

Erich Kästner

Diese Tests und Rückmeldungen sind für den Kunden die Bestätigung, dass er beim richtigen Therapeuten ist. Am Ende der Behandlung fasst der Therapeut kurz zusammen, was heute gemacht wurde und was an Verbesserung zu erwarten ist.

> *Praxistipp für die Kommunikation*
>
> Informieren Sie den Kunden umfassend über den Ablauf der Therapie und gehen Sie auf seine Fragen ein.

Der Ablauf ist so zu gestalten das eine eventuelle Nachruhe gewährleistet ist. Im Rahmen des Abschlussgespräches in der Behandlungskabine können der Therapeut und der Kunde mit Wasser oder Saft auf die gelungene Therapie anstoßen.

Empfehlung für die Genesung zum Behandlungsabschluss

Wenn die gesamte Behandlungsserie abgeschlossen ist, informiert der Therapeut den Patienten, was er in der Therapie gemacht hat. So wird nochmals klargemacht, was dem Kunden alles Gutes getan wurde. Dieses Abschlussgespräch dient auch dazu, dem Kunden weitere Empfehlungen für seine Genesung zu geben. Falls in der Praxis Produkte gekauft wurden, bietet sich der Hinweis an, dass die jeweiligen Produkte jederzeit gekauft werden können, auch wenn der Kunde gerade nicht zur Therapie kommt.

Praxistipp für die Massage

Das Einölen der Hände erfolgt natürlich **nach** dem Berühren der Kundenkleidung. Sprechen Sie mit ihrem Kunden auch darüber, ob er die nichtbehandelten Körperbereiche abgedeckt haben will oder nicht.

Beispielgespräch zum Abschluss der Sitzung:

Therapeut: *„Ich weiß sie sind anschließend wieder im Büro, ich wische ihnen das Öl von den Massagegriffen jetzt noch ab."*

Patient: *„Vielen Dank, sehr aufmerksam"*

Therapeut: *„Eins ist mir noch wichtig, Herr Müller, wie haben Sie die heutige Behandlung empfunden?"*

Patient: *„Ja, die Übungen waren anstrengend, aber die Massage danach war natürlich sehr angenehm und der Schmerz da links ist jetzt etwas weniger"*

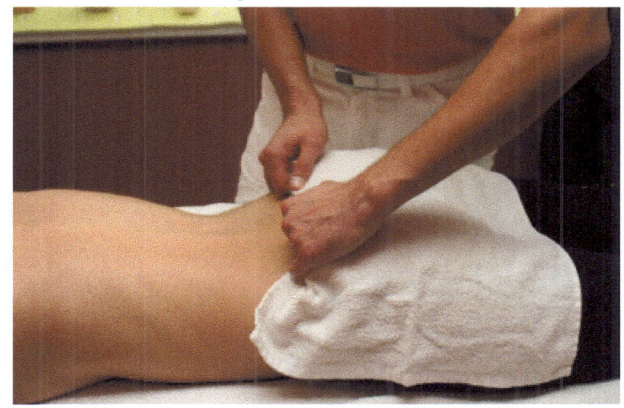

Aufmerksamkeit und Rücksichtnahme auf die Kundenkleidung erzeugt beim Kunden den berühmten Aha-Effekt.

Therapeut: *„Gut, wollen sie sich noch einige Minuten ausruhen?"*

Patient: *„Nein danke, ich muss gleich weiter"*

Therapeut: *„Dann wünsche ich Ihnen noch einen angenehmen Tag, bis zu unserem nächsten Termin"*

7.5. Fünfter Schritt: Verabschiedung

Der Therapeut verabschiedet sich mit Hinweis auf nächsten Termin, der eventuell noch am Empfang zu vereinbaren ist. An der Rezeption wird der Patient mit einer positiven Formulierung entlassen. Wie beispielsweise:

> *Beispielsätze zur Verabschiedung*
>
> *„Nach der heutigen Behandlung, wird Ihnen Ihre Arbeit bestimmt leicht von der Hand gehen."*
>
> *„Jetzt können Sie den Abend entspannt genießen."*

Äußert sich der Patient eher negativ, *„war das wieder anstrengend"*, kann die Rezeptionskraft die Formulierung ins Positive wenden: *„Da haben Sie wieder ganz schön was geleistet und sind Ihrem Ziel wieder ein Stück näher gekommen"*.

Dort, wo es räumlich möglich ist, verabschiedet die Rezeptionskraft den Kunden stehend.

> *Praxistipp*
>
> Es ist eine Selbstverständlichkeit, dass der Therapeut nur mit gewaschenen Händen die Hand gibt.

8. Mobile Behandlung

Zu den mobilen Behandlungen zählen die herkömmlichen Hausbesuche auf Rezept, die jede Praxis durchführt. Darüber hinaus gibt es auch Therapeuten, die ausschließlich mobil und in Privathaushalten unterwegs sind. Dieser Bereich hat in den letzten Jahren deutlich zugenommen.

Vorbereitungsphase und persönlicher Check-Up

Bei der Vorbereitung und der Behandlung gelten die gleichen Vorgaben wie in der Praxis (siehe Kap. 7.4). Wichtig ist es, die Kontaktdaten des Patienten stets mitzunehmen. So kann der Patient von unterwegs aus über Terminveränderungen informiert werden, falls der Therapeut sich verspätet. Ebenso besitzt der Kunde die Mobilnummer des Therapeuten, um diesen direkt erreichen zu können.

Das Fahrzeug

Das Fahrzeug ist innen und außen sauber, denn über die Sauberkeit schließt der Kunde auf die Arbeitsweise des Therapeuten. Im Auto befinden sich als Basisausstattung:

- ✓ Schuhe, die in der Wohnung des Patienten angezogen werden oder
- ✓ Überschuhe
- ✓ Handtuch und Waschlotion
- ✓ Behandlungstuch (Handtuch, Leintuch etc.)
- ✓ Desinfektionsmittel für Liege
- ✓ Beutel für die benutzten Tücher
- ✓ Terminblock, Terminierung auf Smartphone unter Vernetzung mit Praxis-PC
- ✓ Visitenkarten, Flyer von Praxis
- ✓ kleine Geschenke für „kleine Kunden" (Kinder)

Der Abschluss

Ist die Behandlung beendet, fragt der Therapeut nach einer Möglichkeit zum Händewaschen. Danach informiert er den Patienten, was gemacht wurde und was in der nächsten Therapieeinheit ansteht. Mit einer positiven Formulierung (siehe Praxisablauf), die sich auf die Fortschritte des Kunden bezieht, verabschiedet sich der Therapeut.

Angehörigengespräche

Patienten, die Hausbesuche verordnet bekommen, sind oft älter und schwerer betroffen. In diesen Fällen müssen natürlich auch die jeweiligen Angehörigen über die Behandlungen informiert werden.

Bei Hausbesuchen befindet sich der Therapeut in der Privatsphäre des Kunden. Beim Hineintragen und Auf-/Abbau der Behandlungsliege, ist darauf zu achten, dass nichts beschädigt und nichts mit öligen Händen berührt wird.

9. Körpersprache, Gestik & Mimik

Damit Sie in allen Situationen im Kundenkontakt gut gerüstet sind, haben wir für Sie wichtige Verhaltensregeln zusammengetragen.

Bereits beim ersten Augenkontakt mit dem Kunden, also lange bevor die Therapie beginnt, senden Sie körpersprachliche Signale an den Kunden. Diese nonverbale Kommunikation bestimmt den ersten Eindruck und Ihre Bewertung von Kundenseite.

Seien Sie sich bewusst, dass Sie immer Körpersignale aussenden: egal ob zu Beginn, während oder nach der Therapie. Diese Signale werden durch Kleidung, Geruch, Piercings etc. positiv oder negativ verstärkt.

Welche Qualität wollen Sie Ihrem Kunden vermitteln, welche Meinung soll er von Ihrer Therapie haben? Passt Ihre unbewusste Körpersprache dazu?

Starker Körpergeruch, fettige Haare, dreckige Fingernägel, Fango oder Ölflecken auf der Kleidung oder schlechte Haltung sind mit qualitativ hochwertiger, kundenorientierter Therapie und Dienstleistung nicht zu vereinbaren.

Bewusste positive Körpersignale vermitteln dem Kunden Vertrauen, Sicherheit und Fürsorge. Dadurch unterstützen Sie den Therapieerfolg und die Akzeptanz.

Hand geben

Diese Geste sagt viel aus. Es wird über Sympathie oder Antipathie entschieden. Der Kunde und der Therapeut begegnen sich gleichberechtigt. Keiner zieht, dreht oder drückt beim Handgeben. Der Abstand von zwei Unterarmlängen wird als angenehm empfunden.

Die Berührung am Oberarm passt nur für vertraute Personen. Sie ruft ansonsten eher Ausweichen und Irritation hervor.

Die „Handschuhhand" wirkt bei Kunden eher plump und vereinnahmend.

Distanz-Zonen:

Achten Sie darauf, die richtige Distanz einzuhalten. Es mag seltsam klingen, aber die richtige Distanz schafft Nähe zum Kunden und fördert die Beziehung. Hierbei werden die „normalen" Situationen von den Therapiesituationen unterscheiden.

Kunde und Therapeut stehen in einem angenehmen Abstand zueinander

Kommt der Therapeut mit einer Berührung dem Kunden zu nahe, empfindet dieser dies als unangenehm und weicht aus

Durch zu geringe Distanz fühlt sich der Kunde bedrängt und unwohl.

Gesten spiegeln:

Gesten zu spiegeln kann Übereinstimmung und Sympathie erzeugen. Gerade zu Beginn des Kunden-Therapeuten Kontaktes erhält der Therapeut einen schnelleren Zugang zum Kunden, wenn er dessen Gesten, Haltung etc. in der entsprechenden unauffälligen Form spiegelt – also nachahmt.

Dominanzgesten:

Gesten, wie zum Beispiel der dominante Zeigefinger, wirken auf den Kunden „schulmeisterlich". Daher sollten Sie solche Gesten im Umgang mit Kunden unbedingt vermeiden. Sie schüren Aggressionen.

Allgemeine Körpersprache:
- Verschränkte Hände drücken eine ängstliche und angespannte Haltung aus.
- Verschränkte Arme wirken wie eine Blockade und drücken Verschlossenheit aus.
- In die Hüften gestützte Hände machen größer und wirken aggressiv. Es wird deutlich gemacht, dass dieser Mensch von seinem Standpunkt nicht abrückt. Hier fühlt sich der Kunde zurechtgewiesen und klein gemacht.
- Hände am Rücken vermitteln dem Kunden den Eindruck von Überlegenheit und Macht. Diese Geste kann auch Frust und Zorn bedeuten.

Verräterische Gesten:
- Die Hand vor dem Mund beispielsweise verrät, dass hier nicht die Wahrheit gesagt wird. So versucht der Körper das Lügen zu verstecken.
- Der Blick zum Boden weist ebenfalls auf Unwahrheiten hin.
- Reiben am Ohr deutet auf Unsicherheit und Schüchternheit hin.
- Das Halskratzen weist ebenfalls auf Unsicherheiten und Zweifel hin.

10. Kundenorientierte Praxisgestaltung

In diesem Kapitel gehen wir darauf ein, auf welche Details Sie bei der Praxisgestaltung achten sollten. Mit wenigen einfachen Mitteln heben Sie sich von Ihren Mitbewerbern ab und wenn sich Ihren Kunden bei Ihnen wohlfühlen, kommen sie gerne zu Ihnen und empfehlen Sie jederzeit weiter.

Optimale Ausschilderung

Eine deutliche, gut erkennbare Beschilderung, die den Kunden in die Praxis führt (siehe oben) sollte sich auch in der Praxis fortsetzen. Falls die Praxisfarben hierzu nicht geeignet sind, soll auf den Kontrast schwarz-weiß zurückgegriffen werden.

Achten Sie auch darauf, dass auf der Homepage der Weg zur Praxis deutlich dargestellt wird.

Licht und Farbe

Durch die Anordnung der Leuchtkörper kann die Führung des Patienten in der Praxis unterstützt werden. Die entsprechende Auswahl von Licht und Farben unterstützt das Wohlbefinden der Kunden. Wenn die Unternehmensfarben dazu passen, können sie in die Gestaltung der Räume integriert werden.

Theke

Hohe Theken und Empfangsbereiche werden meistens als Barrieren empfunden. Achten Sie daher darauf, dass die Anordnung eher einladenden Charakter hat.

Geruch

Wie wir wissen, hat der Mensch ja einen ausgeprägten Geruchsinn. Vermeiden sie daher jegliche Gerüche, die das Wohlbefinden stören (Fango, Essen, Kaffee etc.) oder versuchen Sie diese abzuschwächen.

Produktverkauf / Beratung

Produkte, die in Praxen verkauft werden, sind in der Regel hochpreisige Produkte mit Beratungsbedarf. Präsentieren Sie diese daher ansprechend, damit Sie eine gute Nachfrage erhalten.

Getränkeangebot

Mit dem Angebot von Tee und anderen Getränken zur Selbstbedienung können Sie sich positiv von den üblichen Trinkwasserautomaten abheben. Berücksichtigen Sie bei der Getränkeauswahl, dass Gerüche entstehen können.

Kabinen

Gestalte Sie die Größe der Kabinen so, dass beim Kunden kein Engegefühl aufkommt. Um den Arbeitsablauf zu verbessern, sollte in jeder Kabine ein Terminal installiert sein.

Behandlungsgeräte

Die Behandlungsliegen sind nicht nur ein ergonomisches Arbeitsmittel, sondern sollen auch ein ansprechendes Design besitzen und dem Kunden größtmöglichen Komfort (Polsterung etc.) bieten.

Raumtemperatur

Schaffen Sie in den Behandlungsräumen Wohlfühltemperatur. Wenn Sie regelmäßig Stoßlüften, entsteht keine stickige Luft.

Wartezone

Die Wartezone soll einen entspannenden, freundlichen Charakter haben. Sorgen Sie dafür, dass regelmäßig Tageszeitungen und Zeitschriften bereit liegen. Sehr gut kommt heutzutage bei den Kunden auch ein Bildschirm an, auf dem sich Gesundheitsinformationen und schöne, entspannende Bilder abwechseln.

Bodenbeläge

Gestalten Sie die verschiedenen Bereiche der Praxis für den Patienten möglichst angenehm und über die vertraglichen Vorgaben hinaus. Versehen Sie beispielswiese den Umkleidebereich des Kunden im jeweiligen Behandlungsraum mit einer angenehmen Unterlage.

Pflege

Wenn es möglich ist, stellen Sie in Ihrer Praxis Duschen und Pflegemöglichkeit (Handtücher) für Kunden bereit.

Raum für Vorträge, Schulungen, Kurse

Ein Raum für Veranstaltungen komplettiert jede Praxis und bietet vielfältige Nutzung. So müssen keine externen Räume angemietet werden.

Überzieher für Schuhe

Das Benützen von Plastik-Überzieher hält die Praxis sauber - speziell in der kalten Jahreszeit.

Neue Medien

In der heutigen Zeit ist eine Homepage mit einer guten Praxisdarstellung und aktuellen Gesundheitsinformationen bereits eine selbstverständliche Serviceleistung. Ebenso wichtig für einen reibungslosen Praxisablauf sind Newsletter, E-Mail, WhatsApp und SMS. Diese modernen Kommunikationsmöglichkeiten gehören mittlerweile in vielen Praxen zum Alltag und können sogar zur elektronischen Terminvereinbarung genutzt werden.

11. Die Kraft der Sprache

Vielen Menschen ist gar nicht bewusst, wie wirkungsvoll Sprache ist. Dabei ist die Sprache ein wesentlicher Teil dessen, ob sich ein Patient wohlfühlt oder nicht. Überdenken Sie die Formulierungen, die Sie täglich benutzen und ersetzen Sie diese – falls notwendig – durch Sätze, die kundenfreundlicher sind.

11.1 Negativ/Positiv-Formulierungen

Unsere Sprache beeinflusst unsere geistigen Abläufe und umgekehrt. Sehe ich in meinem Denken eher die Probleme der Welt, wird sich dies in meiner Wortwahl und Sprache ausdrücken. Mein Gegenüber nimmt bewusst oder unbewusst meine problemorientierte Haltung wahr. Genauso zeigt sich aber auch ein positives, eher lösungsorientierten Denken im sprachlichen Ausdruck.

Daher sind die Worte, die wir im Umgang mit den Kunden wählen extrem wichtig. Mit positiven Formulierungen erzeugen sie ein positives Gefühl bei Ihrem Gegenüber.

Meist haben wir uns eine bestimmte Wortwahl angewöhnt, sodass wir uns bewusst werden müssen, welche negativen Formulierungen sich in unseren Sprachschatz eingeschlichen haben. Nachfolgend haben wir ein paar negative Formulierungen aufgeführt und mit jeweils einer positiven Formulierung versehen. Mit etwas Übung werden Ihnen diese Formulierungen bald in Fleisch und Blut übergehen. Sie werden merken, das hebt nicht nur die Stimmung Ihrer Kunden, sondern auch Ihre.

Negativ	Positiv
Zur Zeit haben wir keinen Termin frei	Der nächste freie Termin ist am…
Schmerzen	Beschwerden
Würde, könnte, sollte…	Werden, können, sollen
Vielleicht, eventuell	Ganz sicher, unbedingt
Das machen wir immer so, das ist bei uns immer so	Das ist ein wichtiger Punkt
Ja, aber…	Ja, und…
Da haben Sie mich falsch verstanden.	Ich habe mich unklar ausgedrückt…
Das weiß ich nicht.	Ich kläre das für Sie.
Das kann ich nicht.	Ich möchte Ihnen gerne helfen…
Das haben wir nicht…	Sie haben die Wahl zwischen…
Nun passen Sie mal auf…	Richtig interessant…
Wie war doch gleich Ihr Name?	Wie ist Ihr Name? Wie heißen Sie?
Sie dürfen sich jetzt hier auf die Liege legen	Legen Sie sich bitte hier auf die Liege…

11.2 Reiz- und Tabuwörter

Durch Sprache und Wortwahl wird eine Basis für eine gute Kundenbeziehung geschaffen. Mit den passenden Worten zeigen Sie dem Kunden, dass er gesundheitsorientiert und nicht krankheitsorientiert betreut wird.

Reiz- und Tabuwörter sind Formulierungen, die man als Therapeut oder als Mitarbeiter im Gespräch mit den Kunden nicht benutzen sollte. Sie sind in ihrer Wirkung äußert kontraproduktiv. Wir haben einige von Ihnen für Sie zusammengetragen.

Reiz- und Tabuwörter

- *Problem, problematisch*
- *schwierig*
- *nie, niemals*
- *unmöglich*
- *aber*
- *trotzdem*
- *müssen*
- *teuer, billig*
- *dürfen*

Diese letzte Formulierung „dürfen" stuft den Kunden als reinen Befehlsempfänger ab. So muss er beispielsweise auf die Erlaubnis warten, bis er sich hinlegen „darf". Das erzeugt beim Kunden eher ein unbewusstes Unbehagen.

Es gibt nicht nur einzelne Worte, die Sie als Behandler nie verwenden sollten, es gibt eine ganze Reihe von Sätzen.

> **Reiz- und Tabusätze**
>
> - *Weiß ich nicht.*
> - *Ist nicht mein Gebiet.*
> - *Da bin ich nicht zuständig.*
> - *Schauen Sie mal, da haben wir jetzt ein Problem*
> - *Unmöglich, das geht nicht.*
> - *Das gibt es doch gar nicht.*
> - *Das sehe ich aber völlig anders.*
> - *Das dürfen Sie so nicht sehen.*
> - *Da haben Sie mich falsch verstanden.*
> - *Sie müssen doch zugeben, dass ...*
> - *Sie müssen schon entschuldigen.*
> - *Das ist nicht so schlimm.*
> - *Da irren Sie sich.*
> - *Wie ich Ihnen gerade erklärt habe...*
> - *Wenn Sie mal ehrlich sind...*
> - *Jeder vernünftige Mensch weiß doch...*
> - *Sie haben mir nicht richtig zugehört...*
> - *Sie müssen aber...*

Machen Sie sich diese bewusst, so können Sie diese künftig komplett aus Ihrem Vokabular streichen. Auch damit verbessern Sie die Atmosphäre in Ihrer Praxis.

11.3 Kraftsätze

Der Patient erwartet von Ihnen während seines Heilungsverlaufs begleitet und betreut zu werden. Dies zeigt sich auch durch ihre Sprache und Wortwahl. Damit schaffe ich die Basis für eine gute Kunden-/Patientenbeziehung.

> **Effektive Kraftsätze**
>
> - *Das ist leicht zu schaffen, läuft prima, mache ich gerne, ist schnell erledigt statt „Das ist kein Problem"*
> - *Da bin ich zwar selbst überfragt, aber ich kümmere mich darum.*
> - *Das weiß mein Kollege sicher, ich spreche gleich nach der Behandlung mit ihm*
> - *Da kann Ihnen mein Kollege weiterhelfen, ich rufe ihn schnell an…*
> - *Lassen Sie uns gemeinsam überlegen, wie wir doch eine Lösung finden…*
> - *Als Lösung schlage ich Ihnen vor…*
> - *Mein Lösungsvorschlag ist…*
> - *Das ist für mich ganz neu…*
> - *Interessant, das höre ich heute zum ersten Mal.*

12. Autoren

Peter Vondra

Jg. 1948

Sportlehrer und Sporttherapeut, ehemaliger Leistungssportler, seit über 25 Jahren Inhaber der Firma „Der Fitnesscoach". Er ist mit seinem Unternehmen im Bereich Personal- und Organisationsentwicklung tätig. Als Referent schult er Mitarbeiter in verschiedenen Branchen in Sachen Service- und Kundenorientierung und ist Existenzgründercoach im Gesundheitswesen.

Oliver Rupprecht

Jg.1963

Manual- und Sportphysiotherapeut, ehemalige Lehrkraft für Befunderhebung und Bewegungstherapie an der Privaten Berufsfachschule Dr. Lenhart, systemischer Coach und Trainer. Er arbeitet seit 1994 mit Peter Vondra in den Bereichen betriebliches Gesundheitswesen und Serviceorientierung. Der Ultraläufer bereitet Freizeitsportler mit Coaching und Massage auf lange Strecken vor.

13. Das Seminar für Physio- therapeuten und Masseure

Haben Sie genug gelesen? Fühlen Sie sich nun fit für Ihre Power-Praxis? Oder wollen Sie besser werden?

Für Masseure und Physiotherapeuten, die täglich in der Praxis stehen oder Hausbesuche machen, bieten wir im gesamtdeutschen Raum maßgeschneiderte Seminare und Workshops an – gerne auch firmenintern vor Ort.

Zusammen mit unserem erfahrenen Trainerteam vermitteln wir Masseuren und Physiotherapeuten das nötige Rüstzeug für den erfolgreichen Umgang mit ihren Kunden.

Die Seminare sind an der Praxis ausgerichtet, die Teilnehmer üben alltägliche Situationen im Rollenspiel und Gruppenarbeit.

Praxisnahe Workshops erhöhen die Nachhaltigkeit und den Erfolg.

Kontaktieren Sie uns unter: peter.vondra@powerpraxis.com.

Mehr Informationen auch unter www.powerpraxis.com

14. Checklisten

Checkliste 1: Praxisinfo

Folgende Punkte sollten in einer Patienteninformation enthalten sein:

- Es wird ein Feld freigelassen, in dem der Name des Patienten eingetragen wird
- Öffnungszeiten
- Unsere Rezeption ist besetzt von ... bis ....
- Wir sind erreichbar: Telefonnummer und E-Mailadresse
- Wir stellen Ihnen zu Verfügung:
    - z.B. Handtuch, Waschlotion, Überschuhe für Winter etc.
    - gegebenenfalls auf Wertfächer hinweisen
    - Getränkemöglichkeiten
    - bei größeren Einrichtungen auf Imbissmöglichkeiten hinweisen
- Unterhaltungs-Infomöglichkeiten im Wartebereich
- Informieren, wann der Patient zu seinen Terminen erscheinen soll, z.B. fünf Minuten früher. Vorbereitung auf Behandlung.
- Verhalten bei Zuspätkommen und verpassten Terminen klären
- Taxiangebot
- Parkmöglichkeiten, Ersatz für Parkkosten

Checkliste 2: Terminzettel

Der Terminzettel sollte DIN A 6 Größe umfassen. Er enthält die Kontaktdaten, das Praxislogo, ein Raster für sechs Termine und die Patienteninformation über rechtzeitiges Absagen auf der Vorderseite.

Die A6 Größe sorgt dafür, dass die sechs Termine gut leserlich in einer adäquaten Größe geschrieben werden können.

Die Rückseite bietet Raum für den Praxisslogan und besondere Praxisangebote.

Checkliste 3: persönlicher Check-Up

Äußeres

Ist das persönliche Erscheinungsbild in Ordnung? Ist die Kleidung/Arbeitskleidung ordentlich und sauber? Sind die Schuhe ordentlich und sauber?

Kaugummi

Die Patienten wollen keine wiederkäuenden Therapeuten sehen

Haare

Offene Haare, die über den Patienten hängen zeugen von einer Unachtsamkeit gegenüber dem Kunden und stören gegebenenfalls bei der Behandlung

Bekleidung

Weiße Kleidung oder einheitliche Unternehmensbekleidung ist mittlerweile eine Selbstverständlichkeit.

No-Gos:

- Weites Hemd, das bei der Behandlung immer wieder über den Patienten streift.
- Durchsichtige Bekleidung, bei der die Unterwäsche sichtbar wird (z.B. farbige Unterwäsche unter weißer Berufskleidung).
- Zu großer Ausschnitt, bei weiblichen Therapeuten.
- Schlecht sitzende Hosen, die beim nach vorne beugen oder in die Hocke gehen, die Boxershort oder den String Tanga sichtbar werden lassen.

Essen

Im Beisein des Patienten wird weder gegessen noch getrunken.

www.tredition.de

Über tredition

Der tredition Verlag wurde 2006 in Hamburg gegründet. Seitdem hat tredition Hunderte von Büchern veröffentlicht. Autoren können in wenigen leichten Schritten print-Books, e-Books und audio-Books publizieren. Der Verlag hat das Ziel, die beste und fairste Veröffentlichungsmöglichkeit für Autoren zu bieten.

tredition wurde mit der Erkenntnis gegründet, dass nur etwa jedes 200. bei Verlagen eingereichte Manuskript veröffentlicht wird. Dabei hat jedes Buch seinen Markt, also seine Leser. tredition sorgt dafür, dass für jedes Buch die Leserschaft auch erreicht wird.

Autoren können das einzigartige Literatur-Netzwerk von tredition nutzen. Hier bieten zahlreiche Literatur-Partner (das sind Lektoren, Übersetzer, Hörbuchsprecher und Illustratoren) ihre Dienstleistung an, um Manuskripte zu verbessern oder die Vielfalt zu erhöhen. Autoren vereinbaren unabhängig von tredition mit Literatur-Partnern die Konditionen ihrer Zusammenarbeit und können gemeinsam am Erfolg des Buches partizipieren.

Das gesamte Verlagsprogramm von tredition ist bei allen stationären Buchhandlungen und Online-Buchhändlern wie z. B. Amazon erhältlich. e-Books stehen bei den führenden Online-Portalen (z. B. iBook-Store von Apple) zum Verkauf.

Seit 2009 bietet tredition sein Verlagskonzept auch als sogenanntes "White-Label" an. Das bedeutet, dass andere Personen oder Institutionen risikofrei und unkompliziert selbst zum Herausgeber von Büchern und Buchreihen unter eigener Marke werden können.

Mittlerweile zählen zahlreiche renommierte Unternehmen, Zeitschriften-, Zeitungs- und Buchverlage, Universitäten, Forschungseinrichtungen, Unternehmensberatungen zu den Kunden von tredition. Unter www.tredition-corporate.de bietet tredition vielfältige weitere Verlagsleistungen speziell für Geschäftskunden an.

tredition wurde mit mehreren Innovationspreisen ausgezeichnet, u. a. Webfuture Award und Innovationspreis der Buch-Digitale.

tredition ist Mitglied im Börsenverein des Deutschen Buchhandel.